caminho de volta
Claudine Delgado

cacha
lote

caminho de volta

Claudine Delgado

1.

meu dragão aparece todo dia
não piro se ele demora
se eu pirar demais ele fica
antes do almoço me encontra
sem nenhuma dica
pelo cheiro
pela cor do pelo
através das fricativas

2.

você deixa meu corpo meio red
traz o último vinho argentino
perto do vigésimo dia do mês
imito bem a natureza ao meu redor
as espatas bem abertas
la caperucita roja
toy lista
tranquila com os restos
por isso vou estar aqui
de vestido
quando a gente se encontrar

3.

viva há dias
aficionada
entre um solo de guitarra
entre outros
solos
uma noite longa com um sonho louco
quando me deparo comigo
até o movimento do meu corpo
me aproximo da esquina já sou Outro
performo aquela
a mulher mais solta
acredito no consenso máximo
da solda do que vier

4.

apesar de deus ser bom quem manda aqui somos
nós faixa azul atravessando a bahia
todas de branco
costa aberta
virou uma conversa de corpo
no topo do flamboyant
nuas em itapirapuã
não posso me esquecer do gauche
não posso me esquecer do mangue
merecer a melhor coisa do mundo
imediatamente

5.

nem tudo precisa ter nome
elas jogam violento comigo
quero chorar no corredor do mercado
seguro a emoção pensando em presilhas
tentando encontrar algo que eu não pensei ainda
quanto tempo eu levo fala comigo
a arquitetura das ruas me consola
a solidão inevitável me mantém a salvo
ando no não pensamento
no choro quase chego lá
algo me promete que é melhor não
espero mais um pouco
a hora da chorada é decisiva
até chegar no depósito de bichos de pelúcia
até chegar ao campeonato de levantamento de peso no globo
esporte e aí é simples
corre naturalmente
penso finalmente
lágrima por lágrima

6.

sopinha de garfo às 9 e pouca
ainda sinto o sangue quente
devolveu meu brinco bota eu de enfeite
reflito o rejunte ainda me sinto gente
a pimenta entre nós é mais que a pimenta
a língua devagar e sente
o corte antes de passar a faca
do nada engulo tudo
repetindo os ângulos congruentes
me recuso a olhar o prato novamente
meço vontade no olho e no dente
se der tempo vamos fazer de novo
só que diferente

7.

quase toco o córrego do leão
no refrão eu fico meio fera
corro nos meus longos sonhos
unhas carmim sou-seu-refém
ninguém fez as perguntas corretas
alguns sentimentos recém-sinceros
ainda não foram descobertos

8.

quero encontrar palavras novas
quero, precisamente
vasos mais fundos terras molhadas
quero pagar logo essas contas
acabar logo com os compromissos
ficar em silêncio
pensar um pouco
menos
estar mais
presente
escrever poemas
me reduzir a pedrinhas
depois nascer de novo como jogos de tabuleiro
inventar uma história doida
assumir uma bondade dentro de mim
atender o telefone
chorar chorar chorar
antes de começar a trabalhar
ler livros e apostilas didáticas
dar de cara com o difícil
gritar em terraços
gritar em campos
abandonar o edifício

9.

tem uma dança violenta que é de família. vem em alegria e em solidão. vem em 100 km por hora na rodovia do café e cores violetas até a chegada no trabalho. vem que eu sinto como se tivessem tirado de mim toda a bondade do mundo. e vem que eu sinto como se não houvesse ninguém no mundo com tanto amor brincando no peito quanto eu.

10.

olhos que degustam
e quase narro o gosto
honesto numa quarta perversa
quando a fome e a vontade
são ideias de estima
como um corte cirúrgico
no meio da noite
penso em um poema
e neste espaço imenso
cabe eu e você

11.

orinoco
é um sentimento esponjoso
rouco
de absorção matemática
quando te imagino
nos imagino rindo em orinoco
escrevo então mensagens
pelas paisagens
aguardo que você receba o pensamento
em algum momento no mundo
certamente você vai pensar no meu nome
e o que eu pensei do seu nome
nascerá como uma paixão reconhecida
todo o seu corpo vai sentir que eu passei
na raiz absurda do periósteo
brotará uma intenção
e eu permaneço aqui
coçando as mãos

12.

não tenho palavras para narrar o que eu sinto
quando chega domingo e não posso te ver
pra que serve a vida se não for pra viver
vai e volta
vice versa
na velocidade certa
se não é a felicidade
essa vontade
perversa
de ser
estar em você

13.

tudo começa e acaba em julio.
o jejum.
em julho.
eu juro.
o jugo.
os joelhos juntos.
no jardim o junco.
os jeitos de acordar.
e me parece justo.

14.

um lugar no alto. o quase-logo abaixo da janela. finalmente saíram todos. a despedida é aquele andar descalço. sentir o sujeito sentir a sujeira. o alimento é a manobra. andar no centro. a feridinha na cabeça. a banana madura o tempo antes que amoleça. mais no fluxo que nadal. resultado negativo só pode ser soma de igual. desço desço desço à zona hadal. é tudo uma dança de liberdade. repetir é uma vaidade.

15.

17h43 tomei uma decisão. consertei coisas com alicate. fiz uma oração com pedaços de madeira na mão. sinto sinais o tempo todo. fui chamada pra ser garota de programa. meu pai disse mais de uma vez o quanto me ama. eu digo deixai as moscas terem a mesma chance de habitar o corpo com exuberância. deixai as moscas serem pensadas como sinais divinos. acordar tagarelando vestindo maiô branco. chorar no horário de almoço. é preciso muita calma, eu acho. um corpo quente perdido no mundo. o lagarto me contornando completamente. tudo gira em torno de ser uma madame. a dor nítida de intenção. ela vem à tona imediata exatamente como é. doer é rápido como a luz acesa.

16.

vai a nem longe
faz um convite claro
vou contigo à terra
do meu centro ao aro
o equilíbrio o mantém
perfeitamente amparado
franca ao pensamento
na curva tonta do momento
sob a certeza
do que me é caro
descendo correndo
a gente some no mato
se reconhece no faro
damos jeito ao tato
fica a experiência,
ao relento
meu coração continua
querendo dar de bicho
frankly rolling deeply
no seu rolamento

17.

o pensamento é um dente de
cada dentro de todos os 30
e tantos inconsciente
a arcada coisa mais
danada
a gente não sente o dente
só quando dói é de verdade
quando rente junto à
necessidade a gengiva cobra
logo a bondade a gengivite
a gente vive
e o dente não vive nada
tudo que acontece anda
manda
pela minha boca
só uma estrutura saliente
esbranquiçada
o pensamento é um dente de fada
então me sobra o cálcio
pois o que te falta
eu tenho fácil

18.

ver escrever
é tudo muito telúrico
os atos exigem
de mim
desconhecimentos profuuuuundos

19.

eu provavelmente crio uma
proposta artimanhas para rastejo
olhar profundamente as partes do
corpo estudar o vidro
escrever manuais de como falar com as
carpas obviamente
estou sem a carroça
andando ao lado dos bois

20.

vidi uirapuru
você voa raro consciente
a nadas aos nados
braço arqueado no leito
mergulha o meu peito
atravessa e toca as coisas
diferente olha o espelho no ritmo
corrente
sente espaço e o som
da ideia ao trópico louco
e se você quiser
eu faço
palavreado volúpico
amor madeira e aço
mon sauvage
então o sol
é só um sol
vestígio atrás
da sua imagem

21.

correr o credo pela pele sem
o medo
correr pelo gramado verde
colocar o dedo
na vida
sem segredo

22.

minha força é dominical
meus domínios
apenas da preposição ao final
da oração
a vida nada mais é do que um substantivo abstrato
eu nada mais do que uma pira lexical

23.

I

é só segunda
fui a mulher mais feliz do mundo
do tipo velas e jantares
e coisas intermináveis
em horários irresponsáveis
decidi abandonar 1 caderno
boquinha suja tá se divertindo
lambendo as botinhas

II

enfiando o dedo na tomada
querendo deixar o local sempre mui bem
higienizado.
o dedo na tomada
e eu pensando em limpadas
bruscas buscas por gordura
no fogão

III

tomar um capote.
ter a paz de viver um momento de quase
poder contar sobre
Faz agora uma semana
que mandei 2x1 o tamanho
Exato
do meu coração

24.

ame essa desgraça. compor e cantar à luz de velas. correr com as meninas no pico. cartas facilitadoras. a solidão é um luxo vil. gritava de tanto rir. eu sentadinha escrevendo. ele e eu nessa empreitada. me acostumando com outra cama. digo lá no fundo que ele sabe muito pouco sobre mim. o sono frágil rápido demais. o interesse me comove. quer saber de mim e eu morrendo de medo. não quero ser nada menos que muito e isso me deixa tranquila: o desejo.

25.

eu só me encontrei
pela tentativa
acender uma vela
ascender
de ponta
cabeça.

26.

na minha cabeça
eu vivo e fico
e cê nem me da bola
pergunto
cê nem me pergunta
de volta
o papo é reto
você faz a rota
eu gosto de zuar
na linha mítica
você reclama
a margem tá torta
pra mim a falta
é questão artística
o sol pega no olho
de uma maneira estética
pelo menos depois de
você eu sou menos
sinótica escrevo bonito
as coisas caóticas
nosso corpo
dramático funciona
de forma acústica
geometria erótica
eu vejo tudo colorido
veja eu passo tudo a

limpo criei pra gente
uma nova ode
política uma
melodia ótica
sou uma garota simpática
e cê nem fica sabendo das
minhas críticas sintáticas
semânticas
a ideia temática
eu penso o preço
a função
meço nosso poema
metalinguístico esquema
sintético frenético
nois é só questão de
botar
em prática

27.

uma abelha é uma boa premissa
olhar de volta é voto de fé
refletir o zunido é uma oferta
penso caibo
nesse corpo pequeno
entrando faço uma pose bonita
asas abertas tudo rápido
a boca me aceita me ferra a alma
toda e até

28.

seja uma garotinha discreta. levante de onde está e saia devagar. olhe todos calmamente. deixe que eles tentem adivinhar seu pensamento. seja o mistério por 1 minuto. você está livre. seja como for, como é. onde puder meta os pés e a cabeça. enrijeça. você é isso aí e vai ter que martelar. um maltrato, dedo trêmulo, vinho quente. você já sabe. você já entende. não precisa mais de autorização. agora você é pura laboração técnica.

29.

o matadouro tem portas de madeira
bem lustradas
você sente quando passa de novo
pela mesma estrada
bagunça tudo
topa qualquer parada
os dedos de açafrão,
eu peço só um sinal
ele canta o refrão
venta forte quando passa
a árvore grita
quando você entra na mata o medo
a delícia
a boca abre
o gosto fica.

30.

talvez um pouco
nós
suco de maracujá
protesto novilúnio
discursinho de concatenação
vou fazendo a curva
te deixando ao pouquinhos
quase à beira de mim

(meu uso é covarde
me usa à vontade

à beira do sentimento
eu manuseio tudo
com mais talento)

a sua artimanha para ideias
voz que não fala
me vê diretamente
saindo e entrando sem falha

31.

rio de janeiro
é um ninho de escorpião
nunca fiz assim completamente sem
equilíbrio fui pra lá de perigoso
telhas, bandeiras
sem proteção ou sinalização
terrenos enormes ainda vazios
um sambódromo inteiro pra eu
brincar
um túnel demorado pra eu
demorar
ninho de escorpião
o tamanho das paredes
medidas com precisão
nunca precisei subir aos céus
pra começar a olhar pro chão
uma pitada de pimenta
ou não

32.

beberica o resto do café amargo
escuta só mais um conselho
engole
tudo sem mastigar
reage ao mundo
esterilize suas ferramentas
viver, mesmo, é só
pensar pensar pensar

33.

tem um cheiro próprio
um dourado maia galáctico
meio cheio de segredo, ruim de
papo meia solta unhas afiadas
entre duas ou três vontades
me meto mio toda furiosa
em qualquer lugar
perto dele
só por curiosidade

34.

não me importo
nem um nem dois
nome eu não quis saber
para evitar dar água higiene fé
ao desejo nenhuma migalha
nem drama nem intensidade
não falei nenhuma palavra
só uma caneta na boca
eu bichinha safada
instrumentalizada

35.

por causa de leminski

perto do osso a carne é mais
amarga corta grosso o pedaço
aperta a ilharga se continuar com
fome
ainda tem
me engole seco a garganta alarga
se continuar com fome
eu também

36.

vertebratus

nas minhas costas nasceram coisas
terríveis desde que você se foi
dores terríveis nas minhas costas
com as carinhas e o cochicho
me mordem
indisciplinadas
cobrando de mim uma postura de
leão gritando
uma vértebra bem posicionada nunca é em vão
estralos
terríveis tristezinhas
nas minhas costas
ouço a gritaria percebo a
emoção sempre torci
e o touro finalmente sambou
na espinha do peão
dores terríveis nas minhas
costas desde que você se foi
não uso mais nenhum tipo de
sabão dou risada quando olho
pro caixão aprendi a lapidar
coisa dura
me montei um livro de reflexão

37.

trago aqui pronta mapeada
chego ao mundo intuindo
apaixonada nas parada
desvio de qualquer laçada
tudo e também o nada
profética
sempre em minha própria casa
a caça só é caça depois da
caçada útil para a humanidade
por milênios com a rapidez a
força e o alcance de lâmpadas
telefones religiões
tem algo realmente louco aqui
dentro rolando rolando rolando
vinho tinto revigora meu Qi
meu gozo é sempre fácil um exagero
meu dia é sempre um espetáculo de
sentir

38.

dor no braço

de dois em dois segundos uma
tortura meu braço diminuindo
sem escrita sem cura
arranco o papel engulo a minha
dor dura
escrevo escrevo o momento em
palavra e rasura
tanto sinto até que fura
então meu braço cresce
desavergonhado sem nenhuma
vestidura

39.

rosnado

a ferrugem corrompe o ferro
sorrio
opto então
um ato dígrafo consonantal
imito arrancos e empurros
percebo que me uso sempre para
fugas
eu sou uma ferramenta de arruá

40.

me afeiçoei ao risco elusivo
crivado meio inesperado
instintivo
não viu de forma alguma
pra onde ia por onde fazia
entre mim e isso
muita semelhança

41.

gosto de ver você agindo no mundo
o gosto de você
escolhendo o limão
apoiando a chave no chão
antes de entrar
gosto de ver você existindo
concentrado
desinibido
admirado
gosto de ver você fazendo
arte sorrindo
experimentando a água do
arroz estalando os dedos
gosto de ver você falando
analisando
especulando
conjunturas
partituras
gosto de ver você compondo o
espaço se espalhando pelo quarto
como você escolhe a roupa
a louça
o ponto em que me encontrar
gosto de ver você
gosto de você o gosto de
você gosto de como você

me vê
gosto do seu gosto
ele é nosso e
não se discute

CARA LEITORA, CARO LEITOR

A **Cachalote** é um selo do grupo editorial **Aboio** criado em parceria com a **Lavoura Editorial**.

Lemos, selecionamos e editamos com muito cuidado e carinho cada um dos livros do nosso catálogo, buscando respeitar e favorecer o trabalho dos autores, de um lado, e entregar a vocês, leitores, uma experiência literária instigante.

Nada disso, portanto, faria sentido sem a confiança que os leitores depositam no nosso trabalho. E é por isso que convidamos vocês a fazerem cada vez mais parte do nosso oceano!

Todas as apoiadoras e apoiadores das pré-vendas da **Cachalote**:

— têm o nome impresso nos agradecimentos dos livros;
— recebem 10% de desconto para a próxima compra de qualquer título do grupo Aboio.

Conheçam nossos livros e autores pelos portais cachalote.net e aboio.com.br e siga nossos perfis nas redes sociais. Teremos prazer em dividir com vocês todos nossos projetos e novidades e, é claro, ouvir suas impressões para sempre aprendermos como melhorar!

Embarque e nade com a gente.

Cada livro é um mergulho que precisa emergir.

APOIADORAS E APOIADORES

Agradecemos às 140 pessoas que confiam e confiaram no trabalho feito pela equipe da **Cachalote**.

Sem vocês, este livro não seria o mesmo.

A todos os que escolheram mergulhar com a gente em busca de vozes diversas da literatura brasileira contemporânea, nosso abraço. E um convite: continuem acompanhando a **Cachalote** e conheçam nosso catálogo!

Adriana Lisboa
Adriane Figueira Batista
Alexander Hochiminh
Allan Gomes de Lorena
Amanda Fahur
Ana Carla Rodrigues Ribeiro
Ana Carolina Hass
André Balbo
André Costa Lucena
André Pimenta Mota
Andreas Chamorro
Andressa Anderson
Anthony Almeida
Antonio Pokrywiecki
Arthur Lungov
Bianca Monteiro Garcia
Bianca Teixeira Virgilio
Caco Ishak
Caio Balaio
Caio Girão
Calebe Guerra
Camilo Gomide
Carla Guerson
Cecília Garcia
Cintia Brasileiro
Cleber da Silva Luz
Cristina Machado
Daniel Dago
Daniel Dourado
Daniel Giotti
Daniel Guinezi
Daniel Leite

Daniela Rosolen
Danilo Brandao
Denise Lucena Cavalcante
Dheyne de Souza
Diogo Mizael
Eduardo Henrique Valmobida
Eduardo Rosal
Enzo Vignone
Evilásio Paulo Novais Junior
Fabia Gomes
Fábio José da Silva Franco
Febraro de Oliveira
Fernanda Garcia Cassiano
Flávia Braz
Flávio Ilha
Francesca Cricelli
Frederico da C. V. de Souza
Gabo dos livros
Gabriel Cruz Lima
Gabriel Stroka Ceballos
Gabriela Machado Scafuri
Gael Rodrigues
Giselle Bohn
Guilherme Belopede
Guilherme da Silva Braga
Gustavo Bechtold
Gustavo Mantellatto
Gustavo Moreira Rocha

Heloisa A. Cizeski
Henrique Emanuel
Henrique Lederman Barreto
Isabelly Martincoski
Jadson Rocha
Jailton Moreira
Jefferson Dias
Jessica Ziegler de Andrade
Jheferson Neves
João Luís Nogueira
Júlia Gamarano
Júlia Vita
Juliana Costa Cunha
Juliana Slatiner
Juliana Trevizan
Júlio César Bernardes Santos
Laís Araruna de Aquino
Laura Redfern Navarro
Leitor Albino
Leonardo Pinto Silva
Leonardo Zeine
Lili Buarque
Lisete T. de Vasconcelos Reis
Lolita Beretta
Lorenzo Cavalcante
Lucas Ferreira
Lucas Fontes Gaspareto
Lucas Lazzaretti

Lucas Verzola
Luciano Cavalcante Filho
Luciano Dutra
Luis Felipe Abreu
Luísa Machado
Manoela Machado Scafuri
Marcela Roldão
Marco Bardelli
Marcos Vinícius Almeida
Marcos Vitor Prado de Góes
Maria F. V. de Almeida
Maria Inez Porto Queiroz
Mariana Donner
Mariana Figueiredo Pereira
Marina Lourenço
Mateus Magalhães
Mateus Torres Penedo Naves
Matheus Picanço Nunes
Mauro Morais Veiga Junior
Mauro Paz
Milena Martins Moura
Minska
Natalia Lorenzeti
Natalia Timerman
Natália Zuccala
Natan Schäfer
Otto Leopoldo Winck
Paula Maria

Paulo Scott
Pedro Henrique da Silva
Pedro Torreão
Piera Schnaider
Pietro Augusto Gubel Portugal
Rafael Gregorio Reis Barbosa
Rafael Mussolini Silvestre
Ricardo Kaate Lima
Rodrigo Barreto de Menezes
Samara Belchior da Silva
Sandro Roberto Tormem
Sergio Mello
Sérgio Porto
Silvia Inês Fantini Bariquelo
Thais Fernanda de Lorena
Thassio Gonçalves Ferreira
Thayná Facó
Tiago Moralles
Tomas Valenzuela
Valdir Marte
Vanda A. Cordeiro Libório
Vera Lucia da Silva
Weslley Silva Ferreira
Yvonne Miller

PUBLISHER Leopoldo Cavalcante
EDITOR-CHEFE André Balbo
REVISÃO Veneranda Fresconi
ASSISTÊNCIA EDITORIAL Nelson Nepomuceno
DIREÇÃO DE ARTE Luísa Machado
COMUNICAÇÃO Thayná Facó
COMERCIAL Marcela Roldão
PROJETO GRÁFICO Leopoldo Cavalcante

© da edição Cachalote, 2024
© do texto Claudine Delgado, 2024

Todos os direitos reservados. Nenhuma parte desta obra pode ser reproduzida, arquivada ou transmitida de nenhuma forma ou por nenhum meio sem a permissão expressa e por escrito da Aboio.

Grafia atualizada segundo o Acordo Ortográfico da Língua Portuguesa de 1990, que entrou em vigor no Brasil em 2009.

Dados Internacionais de Catalogação na Publicação (CIP)
Eliane de Freitas Leite — Bibliotecária — CRB-8/8415

Delgado, Claudine
  Caminho de Volta / Claudine Delgado -- São Paulo : Cachalote, 2024.

  ISBN 978-65-83003-10-2

  1. Poesia brasileira I. Título

24-213883   CDD-B869.1

Índices para catálogo sistemático:
1. Poesia : Literatura brasileira

[2024]

Todos os direitos desta edição reservados à:
ABOIO EDITORA LTDA
São Paulo — SP
(11) 91580-3133
www.aboio.com.br
instagram.com/aboioeditora/
facebook.com/aboioeditora/

[Primeira edição, julho de 2024]

Esta obra foi composta em Adobe Garamond Pro.
O miolo está no papel Pólen® Natural 80g/m².
A tiragem desta edição foi de 150 exemplares.
Impressão pelas Gráficas Loyola (SP/SP)

A marca FSC® é a garantia de que a madeira utilizada na fabricação do papel deste livro provém de florestas que foram gerenciadas de maneira ambientalmente correta, socialmente justa e economicamente viável, além de outras fontes de origem controlada.